Por el futuro de nuestros niños.

Published in the United States of America by Star Bright Books, Inc., New York.
The name Star Bright Books and the Star Bright Books logo are registered
trademarks of Star Bright Books, Inc. Please visit www.starbrightbooks.com.

Published in English in 1995 as Friends At School.
Translated by Yenny Muñoz. Translation copyright © 1997 Star Bright Books.
Library of Congress Catalog Card Number: 96-72088

Hardback
ISBN-13: 978-1-887734-15-8
ISBN-10: 1-887734-15-5

Paperback
ISBN-13: 978-1-59572-041-2
ISBN-10: 1-59572-041-3

Printed in China 10 9 8 7 6 5 4 3 2

Dibujo de la portada interior diseñado por Cathy Shine, 4 años de edad.

AMIGOS
en la
ESCUELA

por Rochelle Bunnett

Fotografías por Matt Brown

STAR BRIGHT BOOKS

NUEVA YORK

Nosotros somos amigos en la escuela.

Yo soy Ryan.

Yo soy Annie.

Nosotros somos
Shayne y Parker.

Yo soy Chris.

Nosotros somos Molly y Makenna.

Yo soy Shelby.

Y ésta es Mocha.

Mocha vive en nuestra escuela.
A ella le gustan las zanahorias,
y es muy divertido darle de
comer.

A Mocha le gusta
estar acompañada, por eso la
tenemos cerca cuando nosotros
jugamos.

Sam y Sara son tortugas africanas que también viven en nuestra escuela.
Ellas comen todo tipo de verduras.

A veces, las sacamos de su casita y jugamos con ellas.

Hay muchas cosas diferentes
para hacer en nuestra escuela.

Hablamos por teléfono.

Escribimos cartas y dibujamos.

Para aprender a contar, practicamos juegos con nuestros amigos.

Nuestra tienda de comestibles siempre tiene muchos clientes.

Ellie y Tyson esperan en la fila mientras Elliot les da el cambio.

Luka y Mario hablan
tranquilamente.

Ellie hace una presentación de títeres.
Molly espera su turno.

Nikko les lee un cuento a Ellie y a Dash.

Molly no usa un libro para contar cuentos.
Ella inventa hermosas historias.

Molly sabe muchas canciones
y nos las enseña.

Los rompecabezas
son divertidos.

Nos gusta
armarlos solos,
pero si un
amigo nos
ayuda, es más
divertido.

A todos les gusta jugar con agua en la bañera. Mira lo que hay hoy en la bañera. ¡Hay plastilina azul y unas ballenas! La plastilina es suave cuando se moldea.

Algunas veces no ponemos agua dentro de la bañera, sino harina de maíz o arena.

A la hora de limpiar, todos tienen algo para hacer.

Chris y Molly se lavan las manos en el lavamanos con agua tibia y jabón.

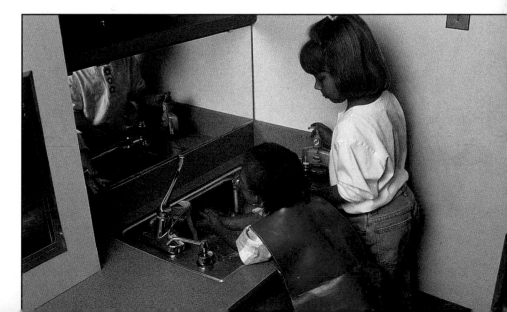

Es la hora de la merienda.

Hacemos batidos.
Los hacemos así:
En la licuadora ponemos
fresas, bananas peladas,
una taza de jugo de naranja,
y una taza de leche.

¡No te olvides
tapar la
licuadora!

Shayne presiona el
botón y ¡vrruuumm!

Chris les sirve a todos. ¡Mmmmmm! Esto es delicioso.
A veces nos quedamos con bigotes cuando tomamos batidos.

En nuestra escuela podemos
jugar afuera todo el año.

Éstas son algunas de
las cosas que nos
gusta hacer afuera.

En los columpios
nos mecemos para
adelante y para atrás,
despacio o rápido y
podemos llegar muy alto.

Hacemos pasteles de barro en la caja de arena.

Jugamos en el tobogán.

Ryan oye que alguien
se desliza por el tobogán.
¿Quién será?

¡Es Annie!

Jugamos a la ronda.

O jugamos con una amiga especial.

Nuestra escuela nos lleva a excursiones.

En el otoño vamos a la Granja de Calabazas del Valle Feliz.

Cuando regresamos a la escuela, sacamos las semillas de las calabazas, y las horneamos.

A veces, vamos en autobús.

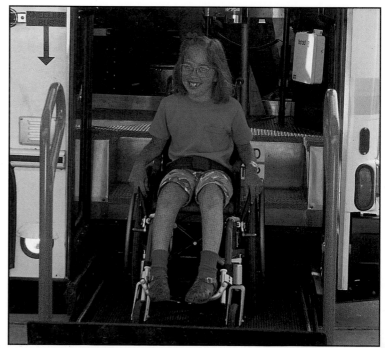

También visitamos la estación de bomberos.

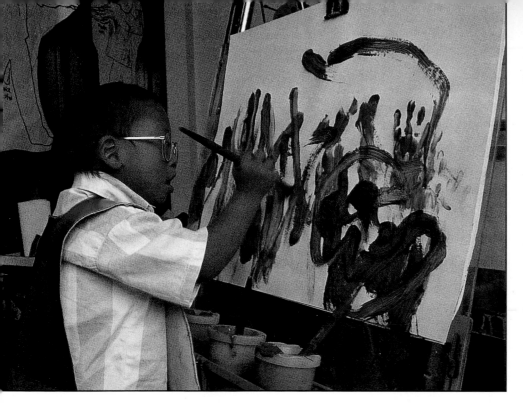

A todos nos gusta pintar
en el caballete.

Pero pintar la cerca de la
escuela es más divertido.

Se acabó la jornada de la escuela. Es hora de regresar a casa.

Maura se pone las botas.

Shelby se pone el abrigo.

Adiós a todos. ¡Esperamos verlos pronto!

A ANNIE le gusta jugar con naipes, dibujar e inventar canciones graciosas. Ella está aprendiendo a hacer castañeta con los dedos, a memorizar su número de teléfono, y montar bicicleta con dos ruedas. Ella aparece en la portada y en las páginas: 6, 10, 11, 15, 20, 22, 23, 24.

A BRITANNY le gusta jugar con muñecas y escribir historias. Ella está aprendiendo a coser y a dar volteretas. Brittany es ayudante del maestro. Aparece en las páginas: 8, 9, 20, 23.

A CHRIS le gusta jugar con títeres, cantar y aprender palabras nuevas con señas. Él está aprendiendo a ponerse los zapatos. Chris nació con el síndrome de Down y un defecto en el corazón. Aparece en las páginas: 7, 14, 17, 19, 21, 25.

A DASH le gusta ir a pescar cangrejos con su papá y jugar a que tiene una tienda de mascotas. Él está aprendiendo a esquiar, a usar hilo dental y a dibujar. Aparece en la portada, en la página del título y en las páginas: 14, 16, 24, 27.

A ELLIE le gusta ir al parque y visitar los animales en el zoológico. Ella está aprendiendo a jugar a la pata coja y a deletrear su nombre. Aparece en las páginas: 12, 13, 14, 17.

A ELLIOTT le gusta hacer rebotar la pelota de baloncesto y armar rompecabezas de muchas piezas. Él está aprendiendo a llamar a sus amigos por teléfono y a escribir las letras y los números. Elliott tiene trastornos de deficiencia de atención por hiperactividad. Aparece en las páginas: 12, 17, 20.

A KATIE le gusta contar cuentos en una grabadora e invitar a sus amigos a su casa. Ella está aprendiendo a abrocharse el abrigo y a amarrarse los zapatos. Aparece en las páginas: 14, 20, 21, 24.

A LAURA le gusta leerles cuentos a sus amigos y tocar el piano. Ella está aprendiendo a montar a caballo y las tablas de multiplicación. Laura tiene pérdida de audición y usa un audífono. Aparece en las páginas: 10, 23.

A LUKA le gusta jugar en el jardín y esquiar velozmente. Ella está aprendiendo a hacer pastel de cerezas y a montar bicicleta. Aparece en las páginas: 8, 10, 13, 14, 19, 23.

A MAKENNA le gusta jugar juegos en la computadora y leer cuentos. Ella está aprendiendo a dar volteretas y a usar la guía telefónica. Makenna nació con parálisis cerebral. Aparece en las páginas: 7, 14, 15, 18, 20, 24.

A MARIO le gusta hacer galletitas de avena y hacer preguntas. Él está aprendiendo a jugar al hockey y a montar triciclo. Aparece en las páginas: 8, 13, 23, 24, 25.

A MAURA le gusta cantar, comer fresas, y jugar a las casitas. Ella está aprendiendo a cepillarse los dientes, a saltar la soga y a leer. Aparece en la portada, en la página del título y en las páginas: 16, 20, 26, 27.

A MOLLY le gusta estar con sus amigos de la escuela, hacer proyectos de arte y leer. Ella está aprendiendo el abecedario con señas y a amarrarse los zapatos. Aparece en las páginas: 7, 10, 13, 14, 16, 17, 20, 23.

A NIKKO le gusta dibujar, jugar al fútbol y cocinar platos condimentados. Le gusta aprender trucos matemáticos. Aparece en la portada y en la página 14.

A PARKER le gusta montar bicicleta en el parque, ir a pescar con su papá, y dibujar casas y soles. Él está aprendiendo a silbar, a nadar en lugares hondos y a pararse de cabeza. Aparece en las páginas: 6, 10, 11, 20.

A RYAN le gusta escuchar música y comer budín de banana. Él está aprendiendo a saltar con dos pies y a leer en Braille. Ryan nació ciego y usa un bastón para ayudarse. Aparece en las páginas: 6, 8, 9, 10, 20, 22.

A SHAYNE le gusta montar bicicleta, esquiar y disfrazarse. Ella está aprendiendo a dar volteretas, a leer y a terminar proyectos. Aparece en las páginas: 6, 9, 10, 14, 17, 18, 20, 21.

A SHELBY le gusta escuchar música, bailar, y jugar con plastilina morada. Ella está aprendiendo a montar bicicleta y a cortar con tijeras. Shelby nació con hidrocefalia. Aparece en la portada, en la página del título y en las páginas: 7, 12, 17, 25, 26, 27.

A SYDNEY le gusta jugar con bloques y nadar. Él está aprendiendo las letras y a escribir su nombre. Aparece en las páginas: 16, 26, 27.

A TYSON le gusta comer buñuelos los sábados por la mañana con su papá, jugar con sus hermanos, y dibujar animales. Él está aprendiendo a nadar, a escribir las letras, los números y a leer. Aparece en la portada y en las páginas:, 12, 14, 17, 18, 19, 20, 24, 25.

A MOCHA le gusta comer zanahorias y que un amigo la sostenga con cuidado en la escuela. Aparece en las páginas: 7, 8, 17.

A SAM y a SARA les gusta comer verduras y dormir bajo la lámpara de calor. Aparecen en la página 9.

Los niños de *Amigos en la escuela* han compartido contigo un poco de lo que les gusta hacer y de las cosas que están aprendiendo. ¿Qué te gusta hacer a ti con tus amigos? ¿Qué cosas nuevas deseas aprender?

♥ ♥ ♥
NUESTRO SINCERO AGRADECIMIENTO A LOS MAESTROS, LAS FAMILIAS Y LOS AMIGOS QUE PARTICIPARON CON ENTUSIASMO Y PACIENCIA EN LA REALIZACIÓN DE ESTE LIBRO.

ROCHELLE BUNNETT ha sido profesora y defensora de los niños con habilidades diferentes por más de 20 años.

*

MATT BROWN ha sido fotógrafo profesional por más de 20 años. Su trabajo ha sido presentado en numerosas publicaciones, incluyendo *National Geographic Traveler*. Matt reside junto a su esposa Kathleen en Anacortes, Washington.